À pas de loup

Papa est

Texte et illustrations:
Bruno St-Aubin

Papa en a assez de rester à la maison.

Tout le monde à bord !
Nous levons l'ancre en direction de la mer.

Le voyage est houleux.

Ma mère et moi avons le mal de terre…

Après d'interminables heures de voiture,
on aperçoit enfin la mer.

La maison que papa a louée sent le varech.
Il y a de l'eau dans la cale.

Papa installe son hamac.
Il va enfin pouvoir dormir.

Les habitants de la région viennent
lui souhaiter la bienvenue.

Pendant sa sieste, nous jouons
gentiment avec les mouettes.

Papa va être content.
On s'est fait beaucoup d'amis.

Papa va se laver dans la mer.

C'est à son tour de se faire des amis.

La baignade lui a ouvert l'appétit.
Il décide de cuisiner ses nouveaux amis…

Le résultat est délicieux !

Après le repas, un perroquet se met
à rôder autour de papa.

Le perroquet le suit partout. Il répète
tout ce que papa dit.

Il imite même ses ronflements.

Papa en a assez.
Il déclare que la chasse est ouverte.

Une fois l'ennemi capturé, papa exige
de se faire servir une boisson fraîche.

Nous lui préparons un supercocktail...

Papa ne nous remercie pas.

Il nous fait laver le pont du bateau
avec nos brosses à dents.

Papa s'énerve encore plus.
Il est vraiment trop irritable.

Il veut nous faire subir
le supplice de la planche.

C'en est trop !

Nous préparons une mutinerie.

Après une bonne nuit de sommeil,
notre papa pirate va beaucoup mieux.

Nous sommes redevenus ses trésors.
Pour fêter ça…

... il nous enterre dans le sable !

As-tu lu bien attentivement ?

C'est ce qu'on va voir...

Essaie de répondre aux questions suivantes.

1. Avec quelle sorte d'oiseaux les enfants deviennent-ils amis ?
a) Des mouettes.
b) Des perroquets.
c) Des poulets.

2. La maison que papa a louée a une drôle d'odeur. Elle sent...
a) Le ver de terre.
b) La valise.
c) Le varech.

3. Avec quoi les enfants doivent-ils laver le pont du bateau ?
a) Leurs chaussettes.
b) Leurs brosses à cheveux.
c) Leurs brosses à dents.

4. Quand le papa pirate commence-t-il à se sentir mieux ?
a) Après une bonne nuit de sommeil.
b) Après un bain de mer.
c) Après un repas de crabe.

Tu peux vérifier tes réponses en consultant le site Internet des éditions Dominique et compagnie, à : www.dominiqueetcompagnie.com/apasdeloup.

À cette adresse, tu trouveras aussi des informations sur les autres titres de la série, des renseignements sur l'auteur-illustrateur et plein de choses intéressantes !

Tu as aimé cette histoire ?
Tu as envie de connaître toutes les facettes de papa ?

Voici les autres titres de cette série.